AF456588

BIBLIOTHÈQUE
DU THEATRE MODERNE

SOYEZ DONC CONCIERGE

FOLIE-VAUDEVILLE EN UN ACTE

PAR

M. PAUL AVENEL

Représentée pour la première fois, à Paris, sur le théâtre des Folies-Dramatiques, le 23 juillet 1864.

PARIS
E. DENTU, ÉDITEUR
LIBRAIRE DE LA SOCIÉTÉ DES GENS DE LETTRES
PALAIS-ROYAL, 17 ET 19, GALERIE D'ORLÉANS
Et à la LIBRAIRIE CENTRALE, 24, Boulevard des Italiens.

SOYEZ DONC CONCIERGE !

Coulommiers.—Typ. A. MOUSSIN et Ch. UNSINGER

SOYEZ DONC
CONCIERGE

FOLIE-VAUDEVILLE EN UN ACTE

PAR

M. PAUL AVENEL

Représentée pour la première fois, à Paris, sur le théâtre des Folies-Dramatiques, le 23 juillet 1864.

PARIS
E. DENTU, EDITEUR
LIBRAIRE DE LA SOCIÉTÉ DES GENS DE LETTRES
PALAIS-ROYAL, 17 ET 19, GALERIE D'ORLÉANS
Et à la LIBRAIRIE CENTRALE, 24, boulevard des Italiens.

1864

PERSONNAGES.	ACTEURS.
GOBICHONNET, concierge.	MM. DÉPY.
LÉOPOLD MARTINET, artiste dramatique. Le Capitaine BOUILLABAISSE.	PAUL GINET.
ARMANDINE, artiste dramatique. La Comtesse DE FLABOSSE. SÉRAPHITA, jeune Espagnole.	Mlle ANGÈLE LEGRAND.
Mlle GABRIELLA, personnage à la cantonade. UN FACTEUR.	M. BLANQUIN.

La scène se passe à Paris, de nos jours.

SOYEZ DONC CONCIERGE !

Le théâtre représente une loge de concierge. Porte à droite, donnant sur la chambre de Gabriella, porte au fond et porte à gauche, donnant sur un escalier de service, table et tout ce qu'il faut pour écrire, chaises, balai, plumeau, clefs pendues près du cordon de la porte, guichet, etc., etc.

SCÈNE PREMIÈRE

GOBICHONNET, sortant de la droite.

(A la cantonade.) Oui, ma fille bien-aimée, mon loulou chéri, je vais garder la loge pendant ce temps-là, étudie sur la clarinette le grand air de madame Blanche..... (Descendant la scène.) Si vous saviez comme ma Gabriella est bonne musicienne !... (On sonne. Gobichonnet tire le cordon.) Qui vient ainsi me déranger à mon petit lever !...

SCÈNE II

GOBICHONNET *, UN FACTEUR.

LE FACTEUR.

Une lettre pour M. Gobichonnet !

GOBICHONNET.

Pour moi ! (Il prend la lettre.)

LE FACTEUR.

C'est 30 centimes !

GOBICHONNET.

C'est-à-dire six sous !

LE FACTEUR.

Elle n'est pas affranchie!

* Gobich., Fact.

GOBICHONNET, payant.

Quel est le malotru qui se permet ?...

LE FACTEUR.

Merci! (Il sort.)

GOBICHONNET, criant.

Vous laisserez la porte ouverte, c'est fatiguant de tirer le cordon.

SCÈNE III

GOBICHONNET, ouvrant la lettre.

Voyons quel est le malotru qui se permet... ciel!... c'est mon propriétaire.... (Se découvrant). M. Antoine Freslon, pardonnez-moi d'avoir insulté à vos pattes de mouches. (Lisant.) « Mon cher Gobichonnet. (Parlé.) Il est rempli d'attention pour son concierge. (Lisant.) Vous êtes une vieille bête !... hein ! une vieille bête !... (Retournant la lettre.) Est-ce que cette lettre est bien pour moi? ma foi oui!... (Lisant.) « J'apprends avec le plus grand déplaisir que vous avez congédié mes locataires, des 1er 2me et 3me étages qui payaient fort bien!... (Parlé.) Oui, mais qui m'embêtaient beaucoup, moi. (Lisant.) « Je désire que vous les rem-« placiez au plus vite par des gens on ne peut plus tranquilles, « J'arriverai bientôt pour m'assurer que mes ordres ont été « exécutés, faute de quoi je vous flanque à la porte, de ma « porte, avec laquelle je suis bien votre affectionné! ANTOINE « FRESLON. » (Froissant la lettre.) Et me faire payer six sous, pour me traiter comme ça! .. C'est affreux?

Air : *la Violette.* (Kriésel.)

Oui, c'est affreux que vot' propriétaire
Vous traite ainsi qu'un vulgaire portier.
Je veux, morbleu, que l'on me considère,
Je suis concierge, et j'honor' le métier.
Il faut me voir envers les locataires,
Comm' du respect je sais prendr' le chemin.
Près du premier je fais de bell's manières,
En m'inclinant le bonnet à la main :
Avec celui de mon deuxième étage,
Je suis beaucoup moins souple assurément,
Et je lui fais le vrai salut d'usage,
Sans m'incliner, je m' découvre seul'ment.
Quand au troisième, avec un air honnête,
J'porte à mon front tout simplement la main;
Au quatrièm, j'envoie un sign' de tête,
C'est déjà trop pour un pareil crétin.

Pour le cinquième avec un ton régence
Je le reçois et lui parl' sans façon,
Quant au salut, dam! *j'attends qu'il commence!*
Ne suis-je pas le dieu de la maison!
Mais c'est vexant d'avoir des locataires
Qui tous les jours saliss'nt les escaliers,
Et je voudrais que les propriétaires,
Les forc'nt d'ôter en montant leurs souliers.
Oui, c'est affreux! je le dis sans colère!
D'être traité comme un simple portier.
Je veux, messieurs, que l'on me considère,
Je suis concierge et j'honor' le métier.

Allons, et mes escaliers qui ne sont pas balayés! six étages! il est vrai que je ne les balaie que tous les mois! Quant à la recommandation de ne louer qu'à des gens tranquilles, je suis là-dessus sans peur et sans reproches! vu que je n'ai pas loué du tout, bien plus j'ai là un congé pour mademoiselle Armandine, la locataire du 4ème, une artiste dramatique, qui certainement n'est pas une locataire désagréable..... à l'œil... rentrant toujours avant la fermeture du gaz... à moins qu'elle ne rentre... plus tard... mais comme on dit: *Il faut que jeunesse se casse!!..* mais elle a un inconvénient major, elle a un do dans la poitrine, pour moi ça m'est inférieur.... Mais comme elle chante souvent à l'heure où ma Gabriella étudie sa clarinette, je l'ai prévenue qu'avec ses roulades elle asticotait ma fille, mais je t'en fiche, c'est comme si j'avais harangué l'obélisque; en sorte que j'ai fait confectionner un congé par maître Cripouillet, huissier, et je vais le lui flanquer à la face lorsqu'elle va rentrer. Ah c'est que ma Gabriella est tout pour moi, ô cher ange!... (Il va frapper à la cloison de droite.) Gabriella, viens donc un peu que je te présente à la compagnie.

GROSSE VOIX, enrouée à la cantonade.

Des navets?

GOBICHONNET.

Quel joli organe! elle me rebourre, un peu parce qu'elle est dans le feu de l'inspiration; écoutez!.. (On entend jouer sur la clarinette : *Ah! vous dirai-je maman*). Entendez-vous, c'est le morceau si difficile de madame Blanche! (On entend au dehors la voix d'Armandine faire des roulades) ah! la voix de mademoiselle Armandine! (Il va prendre le congé sur la table à gauche, Armandine entre par le fond à gauche. Gobichonnet a passé au n° 2. Armandine se trouve à son entrée au n° 1...)

SCÈNE IV

ARMANDINE *, GOBICHONNET.

(Armandine reste seule en scène, Gobichonnet étant entré chez sa fille, en la voyant ; il revient à la fin du dernier couplet d'Armandine, et il se trouve placé au n° 2.)

ARMANDINE, chantant.

Air : *Comme la Fauvette.* (Caïd, 1er acte.)

Je suis la chanteuse
Un peu tapageuse,
Dont la voix mélodieuse,
Un jour donnera
Sa gamme joyeuse,
Sur la scène de l'Opéra !
Tra, la, la, la.

Quand on est jeune et jolie.
On brille par ses attraits,
Ce n'est pas une folie
De rêver à des succès.
Je suis la chanteuse, etc.

Et je ne veux pas médire,
Mais près du Paris-galant,
Souvent, il faut bien le dire
La beauté fait le talent.
Je suis la chanteuse, etc.

ARMANDINE.

Salut au vénérable père Gobichonnet !

GOBICHONNET.

D'abord, mademoiselle, je ne veux pas qu'on m'appelle père Gobichonnet !

ARMANDINE.

Pipelet quinteux et susceptible, vous avez vos nerfs !

GOBICHONNET.

Des fois !. vous avez bien les vôtres, vous, mademoiselle.

ARMANDINE, faisant des roulades.

Lorsque l'on est jeune et jolie
On peut bien se permettre ça, ah ! ah ! ah ! etc.

GOBICHONNET.

Mademoiselle, je vous ai déjà défendu de lancer vos gargouillades, dans ma loge, ça donne des distractions à ma fille !..

ARMANDINE.

As-tu fini portier!

GOBICHONNET.

Oui, j'ai fini portier! mais, Mademoiselle, daignez être sérieuse! j'ai à vous parler d'une affaire importante!

ARMANDINE.

Parlez respectable clos-porte!

GOBICHONNET.

Mademoiselle, je dois vous prévenir que j'ai reçu des instructions très-détaillées de M. le propriétaire; il désire que sa maison soit mise sur un autre pied; il se plaint des locataires!..

ARMANDINE, riant.

Des locataires!.. mais je suis seule dans sa maison! grâce aux trois congés que vous avez donnés au dernier terme!..

GOBICHONNET.

C'est justement pour ça, comme il me recommande de n'avoir que des locataires tranquilles, j'ai pensé que lorsqu'il n'y en aurait plus du tout, il ne pourrait plus se plaindre du tapage! (Lui donnant son congé.) En conséquence, je viens vous prier d'accepter ce billet doux dont le coût est de 5 fr. 50.

ARMANDINE.

Un congé, à moi? et par huissier encore!

GOBICHONNET, continuant.

Parlant au concierge!. ainsi déclaré!

ARMANDINE.

Ah! vous me chassez de par la loi!

GOBICHONNET, continuant.

Parlant à sa personne... comme dessus!

ARMANDINE.

Et vous croyez que j'avalerai cela comme un petit verre de n'importe quoi?....

GOBICHONNET.

Aureriez-vous l'intention de résister par hasard!

ARMANDINE, l'imitant.

Si je *l'aurerais!* mais un peu! dès aujourd'hui je m'acharne après vous, je serai votre vampire, votre bête noire, je vous en ferai tant, tant, que votre perruque en blanchira!

GOBICHONNET.

Par exemple?...

ARMANDINE.

Vous êtes un vieux sapajou!..

GOBICHONNET.

Et vous... une rigolboche?....

ARMANDINE, elle va à Gobichonnet et le menace.

I. COUPLET.

Air *du Savetier*. (Offenbach.)

Je ferai tourner votre crème
Et j'éteindrai le soir, mon vieux, votre lampion.
Je veux que vous deveniez blème,
Maigre comme un vieux clou, jaune comme un citron.
Je m'établis sans retard
Votre cauche, cauche, cauche, cauche, cauche,
Je m'établis sans retard
Votre cauche, cauche, cauche, cauchemard.

GOBICHONNET, l'interrompant.

Mademoiselle!...

II. COUPLET.

ARMANDINE.

Je vais dire au propriétaire
Que vous êtes bavard et faux comme un jeton,
On vous chass'ra, la chose est claire,
Vous n'aurez plus l'honneur de m' tirer le cordon.
Je m'établis... etc.

GOBICHONNET, furieux.

Mademoiselle... Armandine, je vous intime l'ordre de vider ma loge, si vous ne voulez pas que j'oublie que je parle à un sexe auquel que je dois ma tante?....

ARMANDINE.

A bientôt, père Godichon, vieux Grigou, vieille pomme cuite?... (Elle reprend.)

Je m'établis sans retard, etc.

(Il sort par le fond.)

SCÈNE V

GOBICHONNET, seul.

Et l'on appelle ça un sexe timide! moi je l'appelle ou plutôt non, je ne l'appelle pas!... elle n'aurait qu'à revenir!... enfin m'en voilà débarrassé! je vais pouvoir balayer mes escaliers! Prévenons Gabriella mia!... Pauvre ange!... le bruit ne l'a pas dérangée!... elle étudie avec tant d'attention! oh! l'on m'aurait massacré là! qu'elle n'aurait pas fait un pas... (Frappant à droite). Gabriella mia, je te laisse seule!....

UNE GROSSE VOIX, dans la coulisse!...

Laissez-moi donc tranquille!...

GOBICHONNET.

Elle est de plus en plus enfoncée dans l'étude !.... (Changeant de ton.) Ah ! Armandine, ma mie.... Tu veux me faire des misères !... Eh ! bien, nous verrons ! Primo d'abord, tu n'y seras pour personne ! Je claquemure la porte !... puisque la guerre est déclarée ! en avant, marche ? (Il prend son balai et se dispose à sortir, Léopold Martinet paraît au fond.)

SCÈNE VI.

MARTINET *, GOBICHONNET.

MARTINET, entrant.

Mademoiselle Armandine, s'il vous plaît !

GOBICHONNET.

C'est pas ici !... (à part) aye donc !..,

MARTINET.

Elle a pourtant demeuré dans cette maison !

GOBICHONNET.

Qu'en savez-vous ?....

MARTINET.

Puisque je suis venu la voir !

GOBICHONNET, le toisant.

Vous ?....

MARTINET.

Elle habitait un petit appartement au quatrième.

GOBICHONNET.

Le petit appartement y est toujours. Mais elle, elle n'y est plus !

MARTINET, fouillant dans sa poche.

(A part.) Je comprends vieux crocodile ! (Haut.) Tout service mérite salaire ?

GOBICHONNET, tendant la main derrière son dos, à part.

Finance, mon bonhomme, finance.

MARTINET, lui mettant une pièce de monnaie dans la main.

Tenez... voici de l'or !....

GOBICHONNET, regardant la pièce de monnaie.

(A part.) Cinquante centimes !.....

MARTINET.

Vous dites qu'elle ne demeure plus ici !

GOBICHONNET, à part.

Je vas t'en donner pour ton argent ! (Il noue la pièce de dix sous dans le coin de son mouchoir).

* Mart., Gobich.

MARTINET.

Elle est peut-être en province!.

GOBICHONNET, mystérieusement.

Elle est au diable!...

MARTINET.

Que voulez-vous dire?

GOBICHONNET.

Je veux dire qu'elle est partie jouer la comédie dans les pays lointains avec un nommé Léopold Martinet, un mange-tout, un cabotin, un saltimbanque!

MARTINET.

Vous le connaissez donc ce M. Martinet?...

GOBICHONNET.

Pardi! il logeait rue aux Ours dans une espèce de turne, dont mon propre frère avait l'honneur d'être le concierge!... à preuve qu'il doit cinq termes! et qu'on l'a expulsé comme une canaille qu'il doit être.

MARTINET, vexé.

Monsieur?...

GOBICHONNET.

Eh bien!... après!...

MARTINET.

On peut ne pas payer son terme, et être un très-honnête homme?

GOBICHONNET.

Possible, mais pas aux yeux d'un propriétaire!

MARTINET, à part.

J'allais me trahir!...

GOBICHONNET, à part.

Il a une mine cocasse qui ne me revient pas, ce gaillard-là!

MARTINET, remontant vers le fond.

Voici une dame! si c'était Armandine!

GOBICHONNET, remontant de même.

Qu'est-ce que c'est!...

MARTINET, redescendant.

Ce n'est par elle!

GOBICHONNET, à la cantonade.

Vous voulez voir des appartements, Madame, je suis à vous!... (Allant près de la porte de sa fille à droite) Gabriella, mon loulou, garde bien la loge, en étudiant la clarinette.

UNE GROSSE VOIX, en dehors.

Plus souvent! j'ai pas le temps!

MARTINET.

Monsieur, je vous remercie de vos renseignements, permettez-moi d'écrire deux mots, dans le cas où par hasard, vous reverriez mademoiselle Armandine!

GOBICHONNET.

Mettez vous à cette table ! (A part.) Il va m'user pour un franc de papier, un pingre qui me donne 10 sous, il a une frimousse qui ne me revient pas ! Je remonte, et je descends !. (Il sort au fond.)

SCÈNE VII

MARTINET, seul, il est assis à la table.

Je vais interroger la fille de ce vieux Cerbère !.... (A lui-même.) Il faut avouer que moi Léopold Martinet, artiste dramatique, j'ai une chance exceptionnelle ! Je cherche une jeune Prima dona que j'aime, et je tombe sur une bête brute qui me traite de mange-tout et de saltimbanque ! La fille de cet ours mal léché sera peut-être de plus facile composition ! (Il va à la porte de Gabriella à droite et regarde par le trou de la serrure). Elle me tourne..... le dos !... Eh ! mademoiselle Gobichonnette ! un mot, s'il vous plaît ?

UNE GROSSE VOIX.

De quoi !

MARTINET, l'imitant.

De quoi ! (Il frappe.) Mademoiselle, soyez assez bonne pour me donner un petit renseignement ! (On entend jouer sur la clarinette, *Tu n'auras pas ma rose*). Tu n'auras pas ma rose ! C'est une charmante romance, je la connais !.....

LA GROSSE VOIX.

Z'ut !...

MARTINET

Eh ! bien, pour une jeune artiste en clarinette, elle est bien embouchée ! Z'ut, Z'ut, dièze ou bémol. Non, il doit être dièze, ça n'est pas naturel !

I. COUPLET.

Air : *Elle est mauvaise.* (Kriésel.)

La fille de ce Cerbère !
Est charmante en vérité,
Elle tient bien de son père....
O touchante parenté !
Quelle drôle de famille,
Me prend-on pour un niais,
Ou bien pour un imbécile,
Mais corbleu ! je la connais !
Ah ! qu'elle est mauvaise,
Avec son z'ut dièze !

Qu'elle est mauvaise
Ah! qu'elle est mauvaise
Avec son z'ut dièze
Qu'elle est mauvaise!

II. COUPLET.

Elle adore la musique,
Mais qui n'a pas ses défauts,
Car à l'Opéra-Comique
Parfois on peut chanter faux.
Il faut donc de l'indulgence
Pour les gens qui sont manqués,
On trouve souvent en France,
Des portiers qui sont toqués.
Ah! qu'elle est mauvasie, etc., etc.

Elle est si mauvaise, que je n'écrirai pas, je vais courir jusqu'au théâtre de Montmartre, Armandine y a joué cet hiver, je saurai ce qu'elle est devenue... Car il faut que je la retrouve! J'ai un engagement superbe pour elle!... à mon théâtre de Quimperlé!..

GOBICHONNET, dans la coulisse.

Attendez, Madame, je vais chercher l'autre clef!

SCÈNE VIII

MARTINET, GOBICHONNET.

MARTINET, à Gobichonnet qui entre.

M. Gobichonnet, vous êtes un homme charmant; et votre aimable fille a une voix de contralto superbe! (Il sort au fond).

GOBICHONNET, en colère.

Comment, le gredin me raille! Attends! attends. (Il saisit son balai, Martinet se sauve par la porte du fond à gauche.) Il a donc parlé à ma Gabriella, le monstre! Est-ce qu'il voudrait me l'enlever! les jeunes gens d'aujourd'hui sont si osés envers une crinoline! (Armandine entre en costume de vieille comtesse par la porte du fond à droite.)

SCÈNE IX

GOBICHONNET, LA COMTESSE *.

LA COMTESSE.

Monsieur, ne vous dérangez pas davantage, je peux juger de l'appartement que vous me proposez par celui que j'ai visité.

* Gobich., la Comtesse.

GOBICHONNET.

Comme vous voudrez, Madame la Comtesse! (A part). Si je pouvais lui louer mon 1er, à cette chère dame!...

LA COMTESSE.

C'est vous, mon bon monsieur, qui êtes le propriétaire de la maison.

GOBICHONEET.

Non, ma belle dame, je n'ai l'honneur que d'en être le concierge!....

LA COMTESSE.

Un concierge pour me recevoir, moi la comtesse de Flabosse! ah! fi! fi!

GOBICHONNET, à part.

Quoi fi fi, faudrait-il pas un piquet de carabiniers, pour lui faire voir un appartement?

LA COMTESSE.

Votre maison est bien tranquille?...

GOBICHONNET.

C'est les catacombes, Madame, pour le silence!

LA COMTESSE.

L'appartement se compose...

GOBICHONNET.

Trois pièces au 1er, salle à manger, salon, chambre à coucher, cuisine et dégagements!... 8,600 francs l'éclairage et les impositions en plus.

LA COMTESSE.

Parfait! Parfait! Je l'arrête... à mon âge on n'a plus besoin de remise, de jardins, de boudoirs... autrefois c'était différent!...

GOBICHONNET, avec importance.

Les jours se suivent et ne se ressemblent pas. Madame la Comtesse, ainsi moi, qui vous parle, avant la prise d'Alger... j'étais un homme beaucoup plus jeune qu'aujourd'hui?

LA COMTESSE.

Vous m'étonnez?

GOBICHONNET.

Vous auriez tort d'en douter, Madame?

LA COMTESSE.

Autrefois, j'aimais les bals, les chasse à courre, alors, j'avais la taille fine, la jambe..... cambrée!... et maintenant!... (Elle passe devant Gobichonnet au no 1.)

Air: *Lisette de Béranger*. (F. Bérat.)

Le temps sur son aile rapide
Nous ravit jeunesse et fraîcheur.
Sur nos fronts il imprime une ride,

Pour indiquer chaque instant de bonheur,
Oui, les plaisirs trompant les plus ingambes,
Et se vengeant de quelques jours heureux
Semblent nous dire en nous prenant aux jambes.
Qu'il n'est plus temps de courir après eux. (*bis.*)

Ah! si vous m'aviez vue avant dix-huit cent treize,
Avec mon col à fraise;
Ce n'était pas hier,
Cœur brûlant comme braise,
Grands yeux lançant l'éclair,
Ah! que j'avais bon air
Avant dix-huit cent treize. } *bis.*

GOBICHONNET, à part.

Elle n'a pas dû être mal cette vieille-là. Ça doit être une locataire tranquille!..... car dans son temps elle a dû gobichonner?.....

LA COMTESSE.

Terminons... Terminons!... voici mon denier à Dieu! (elle lui remet une pièces de 5 fr.)

GOBICHONNET, à part.

Cinq fr. c'est maigrelet pour une Comtesse de l'ancien régime!

LA COMTESSE.

Vieillez me donner un reçu...

GOBICHONNET.

De votre denier à Dieu?.....

LA COMTESSE.

Ça se faisait autrefois?

GOBICHONNET.

Du moment que ça se faisait autrefois (Il va à la table à gauche il s'assied pour écrire le reçu demandé.)

LA COMTESSE, passe au n° 2 avec une voix jeune, à part.

Ah! je te tiens, vieux grigou!...

GOBICHONNET, écrivant.

Reçu de Madame la comtesse de Roule-ta-Bosse!

LA COMTESSE.

De Flabosse!

GOBICHONNET, répétant.

Je disais bien, Roule-ta-Bosse... Flabosse!!... la somme de cinq francs pour denier à Dieu!... signé Gobichonnet!.. voici, Madame la Comtesse!..

LA COMTESSE, prenant le reçu.

Quelle est l'exposition de la salle à manger!

GOBICHONNET.

En plein midi, Madame!

LA COMTESSE.

Ah! tant mieux, je compte y loger Finette, le soleil fait du bien à ses rhumatismes!...

GOBICHONNET.

Finette! qui ça Finette, ah! une vieille femme de chambre?..... une ancienne soubrette!

LA COMTESSE.

Finette, c'est la compagne de Zozo!...

GOBICHONNET.

Zozo, Finette!... Ah! Zozo! un vieux groom, encore une vieille boîte à rhumatismes! Ah ça, madame, vous n'êtes donc pas seule!...

LA COMTESSE.

Seule!.. avec une âme aimante et l'habitude de la société, vous supposiez que je pusse rester seule!... Zozo est un lévrier irlandais, grave et mélancolique, doux comme un agneau; Finette, au contraire, est une braque anglaise, étourdie! comme une pensionnaire, joyeuse comme une brise de mai! Ah!.. j'ai eu de la peine à les accorder à cause de Lara.

GOBICHONNET.

Lara!.. où prenez-vous Lara!...

LA COMTESSE.

Lara, c'est mon gros Terre-Neuve! une bête superbe! Mais d'une jalousie!... J'ai cru qu'il me faudrait renvoyer Blaireau!...

GOBICHONNET.

Blaireau!...

LA COMTESSE.

Blaireau, monsieur, était le fidèle limier de feu Monsieur le comte de Flabosse!

GOBICHONNET.

Ah! ça, mais c'est une meute que vous avez là! On ne chasse pas à courre dans les corridors de cette maison.

LA COMTESSE.

Monsieur, mes chiens sont bien élevés!..

GOBICHONNET.

Tant mieux pour mes paillassons!..

LA COMTESSE.

Je voudrais bien qu'ils se permissent le moindre tumulte? D'abord Kakatoi ne le souffrirait pas!

GOBICHONNET.

Quoi Katakoi, quoi Katakoi!..

LA COMTESSE.

C'est mon Ara Bleu, un Ara Bleu, Monsieur, brillant comme un lapis-lazuli, et bavard comme un avocat?

GOBICHONNET.

Un Perroquet?..

LA COMTESSE.

Il siffle : *J'ai du bon tabac!* aussi bien qu'un employé de la régie!..

GOBICHONNET, à lui-même.

Mais c'est le Jardin des Plantes en personne que cette vieille folle-là?.....

LA COMTESSE.

Dans ma chambre à coucher, je ferai construire une niche pour Zambado?

GOBICHONNET, exaspéré

Qu'est-ce encore que Zambado?

LA COMTESSE.

C'est un singe de l'Amérique du Sud à qui j'apprends le piano!

GOBICHONNET, de même.

Vous apprenez le piano à Zambado! C'est-à-dire que nous aurons là-haut une seconde édition de l'arche de Noé!.. Puisqu'il en est ainsi, madame, cet appartement ne saurait vous convenir... vous feriez mieux de louer la plaine Saint-Denis tout entière?.....

LA COMTESSE.

Non... non... votre logement me suffira?

GOBICHONNET.

Veuillez reprendre votre denier à Dieu!

LA COMTESSE.

Dans une heure, je m'installe chez vous avec mes pensionnaires! adieu! adieu!..

ENSEMBLE.

Air :

Allons sans plus tarder,
Et sans plus bavarder,
Je vais dans un moment
Prendre l'appartement!

(Elle sort par la porte du fond.)

SCÈNE X

GOBICHONNET, seul.

Eh bien! elle est assez cocasse ma nouvelle locataire! Qu'est-ce que dira mon propriétaire, quand il verra son immeuble transformé en jardin d'acclimatation, que faire! que devenir! Ah! si je ne tenais pas à rester à Paris pour terminer l'éducation musicale de ma Gabriella! comme je vous planterais là la loge et le cordon, pour me retirer à la campagne!... à Pantin où l'air est si pur!.. si parfumé?...

Air *de Risette.*

En bon bourgeois à Pantin,
Je vivrais, c'est bien certain,
Fort tranquille,
Mais je r'nonce à ce plaisir
Pour penser à l'avenir
De ma fille!
Vous savez qu'elle est déjà
De belle force sur la
Clarinette!
Je vous avoue, entre nous,
Que pour contenter ses goûts,
De mon sourire le plus doux
J' lui f'rais à genoux
Risette, risette, risette!

Je vais la consulter... elle me donnera peut-être un bon avis!.. (Appelant.) Gabriella!...

LA GROSSE VOIX.

Des truffes?.....

GOBICHONNET.

Des truffes!.. est-ce qu'elle voudrait m'en envoyer chercher!... Sapristi!.. elle y reste bien longtemps dans le feu de l'inspiration! (Il regarde par le trou de la serrure.) Tiens! elle fait des signes télégraphiques au perruquier d'en face! Pauvre ange!... (Il regarde toujours au trou de la serrure pendant l'entrée de Martinet.)

Pendant ce temps, Martinet entre en costume de marin, gros favoris, etc. Il a un accent marseillais très-prononcé... Il dépose sur une chaise des sabres.

SCÈNE XI

MARTINET, * GOBICHONNET.

MARTINET, à part, de sa voix ordinaire.

Sous ce costume, je pourrai visiter la maison, car Armandine, m'a-t-on dit, l'habite toujours! (Avec l'accent marseillais.) Té! il n'y a donc personne dans la cambuse!....

GOBICHONNET, sautant de frayeur.

Hein?...

* Mart., Gobich.

MARTINET.

Ah ! C'est vous qui êtes de quart ici ! mon cer, z'ai vu sur la porte de votre dunette que vous pouviez disposer d'une casemate... et je me propose d'y susprendre mon hamac !

GOBICHONNET, à part.

Qu'est-ce qu'il chante !

MARTINET.

En d'autres termes, mon pichoun, je désire louer votre lozement?

GOBICHONNET, à part.

Oh ! c'est un amiral anglais ! ça se voit à son accent !.. les Anglais, ça paye bien !

MARTINET.

Eh bien ! de quoi qu'il se compose, le lozement?

GOBICHONNET.

Au second, milord, salle à manger, chambre à coucher... cuisine et dégagements... 6,400 francs, l'éclairage et les impositions en plus !

MARTINET.

Bagasse ! mon bon, ça me sausse !

GOBICHONNET, tendant l'oreille.

Plaît-il ?... Il n'y a pas de sauce !...

MARTINET.

Je dis : ça me sausse... ça me botte comme un gant !

GOBICHONNET.

Ah ! bien... ça vous gante comme une botte !.. C'est que, milord, vous avez une si singulière façon de baragouiner le français...

MARTINET.

Ah ! c'est que je suis de Marseille... né natif de la Cannebière... mais j'ai pas d'accent !

GOBICHONNET.

Sac à papier ! ça se voit bien... (Changeant de ton.) Ah ! je dois vous prévenir que nous ne recevons dans la maison ni chat, ni oiseaux, ni singe, qui s'appelle Zambado et qui apprenne le piano.

MARTINET.

Suffit ! on exécutera la consigne... Ça n'est pas pour rien que j'ai navigué sur les côtes d'Afrique !

GOBICHONNET.

Ah ! vous avez navigué sur l'eau !... Dites donc, vous connaissez le Sénégal... ousqu'on peint les nègres en noir ?

MARTINET.

Eh ! bagasse ! montrez-moi donc un nègre qui ne soit pas peint en noir !

GOBICHONNET.

J'ai entendu dire que dans l'Inde, et, de plus, j'ai lu dans la *Case de l'oncle Tom*, qu'il y avait aussi des nègres marrons?

MARTINET.

Certes, mon bon! mais ce sont des marrons d'Inde.

GOBICHONNET.

Justement. Vous voyez bien que je connais ça, moi qui n'ai pas navigué sur l'eau.

MARTINET.

Mille sabords! mon pichoun, le capitaine Bouillabaisse est assez renommé sur les bords africains!

Air : *le Violonneux*. (Offenbach.)

Sur les côtes de l'Afrique.
J'ai vu d'affreux moricauds,
Les habitants du tropique
Sont tous noirs comm' des pruneaux
Oui, mais vivent les négresses....
Quand elles font les yeux doux.
Ah ah ah ah,
Quand elles font les yeux doux,
Et lon lon là!
Car elles sont diablesses.
Eh! lon lon la,
A vous rendre presque fous,
Eh! lon lon là!
Tout ça dépend des goûts,
Eh! lon lon lon lon lon lon lon là!
(Reprise du refain ensemble.)

GOBICHONNET.

Il a l'air d'un bon zigue, ce capitaine de Bouillabaisse!... Il me va.

MARTINET.

Nous verrons l'appartement tout à l'heure; en attendant, voici mes arrhes de l'enrôlement : c'est comme si le ministre de la marine y avait passé.

GOBICHONNET.

Dix francs!... deux roues de première classe!... mon capitaine, quand vous voudrez, vous pourrez emménager.

MARTINET.

Troun de l'air! ça ne sera pas bien long!... le temps de déposer mon hamac, mes sabres d'abordage et mes aiguilles à tricoter.

GOBICHONNET, étonné.

Quoi!... Je comprends que vous ayez des aiguilles à tricoter... ma femme, de son vivant, en avait bien... mais des sabres d'abordage?...

MARTINET.

J'instruis les jeunes gens pour la marine... J'ai mon brevet de prévôt dans ma poce.

GOBICHONNET.

Vous comptez donc donner des leçons d'armes maritimes chez vous?

MARTINET.

Eh! pourquoi non? Je suis en congé illimité. (Il va prendre deux sabres qu'il avait apportés.) Du reste, ça ne fait pas de bruit. Tenez, voyez. (Il remet un sabre à Gobichonnet, et tous deux se mettent en garde.

Air : *Gai gai.*

Une, deux, parez mes coups,
(Ils ferraillent).
Camarade
A la parade,
Une, deux, parez nos coups,
Vite en tierce, fendez-vous!
Vieux conscrit, moins de raideur,
En avant, levez la tête!
Mais vrai, parole d'honneur.
Vous avez l'air un peu bête.

(Au moment où ils se remettent en garde, Martinet dit à Gobichonnet.)

Té! votre fille! (Gobichonnet se retourne, Martinet lui lance un coup de pied au derrière.)

GOBICHONNET.

Touché. Oh! apothicaire!... Capitaine, vous m'avez atteint dans mon honneur. (Ils se remettent en garde, et Gobichonnet reprend l'air :)

Une, deux, parez les coups.
etc., etc.

(A la fin de l'air, Gobichonnet dit à Martinet.) Madame la comtesse!... (Il le frappe de même qu'il l'a été quand il se retourne et lui dit en riant.) Manche à manche!

MARTINET, riant.

Eh bien! il n'est pas trop bête pour un portier!

GOBICHONNET.

Ah! mais dites donc, capitaine : une, deux! ça doit être très-incommode pour les voisins du dessous.

MARTINET.

Les voisins du dessous!... je m'en fice comme de la cuisine au beurre!

GOBICHONNET.

Mais, capitaine, la cuisine au beurre a bien aussi son mérite.

MARTINET.

Oh! c'est bon pour les Parisiens!

GOBICHONNET, à part.

Ce n'est pas un homme que c't animal-là!... c'est un marsouin... Il faut que je m'en débarrasse. (Changeant de ton.) J'oubliais de vous dire que le logement est inhabitable pour le moment.

MARTINET.

Qué sa co?

GOBICHONNET.

C'est à co qu'il y a des punaises.

MARTINET.

Ah! ça, mon cer, me prenez-vous pour une demoiselle?

GOBICHONNET.

Je ne vous ferais pas cette injure... Ce que j'en dis, c'est à cause des voisins.

MARTINET, * remontant la scène.

Tu diras à ton voisin que s'il n'est pas content qu'il vienne me trouver; je m'en moque comme d'une guigne.

GOBICHONNET.

Mais, capitaine de Bouillabaisse, ce sont des dames très comme il faut.

MARTINET, ** marchant sur lui.

Ah! mes voisins sont des dames!... Tu es donc menteur?

GOBICHONNET.

Comment?...

MARTINET.

Té! des dames ne sont pas des voisins, ce sont des voisines! (Il le prend au collet.) Leurs noms, s'il vous plaît? (Il le menace de son sabre.)

GOBICHONNET.

Madame la comtesse de Boule-ta-Bosse et mademoiselle Armandine.

* Gobich., Mart.
** Mart., Gobich.

MARTINET, à part.

Armandine!

GOBICHONNET.

Une jeune artiste qui a les nerfs près du bonnet.

MARTINET.

J'ai entendu parler d'elle... Je voudrais bien la voir!

GOBICHONNET.

Impossible pour le moment... Je crois qu'elle vient de sortir pour aller à la répétition au théâtre des Bouffées, pour jouer dans les *Enfers d'Orphée.*

MARTINET, de sa voix naturelle.

Merci, homme caduc, mais stupide... Je cours, je vole... je vais donc pouvoir retrouver celle que j'aime!...

ENSEMBLE.

MARTINET.

Air :

De retrouver celle que j'aime!
Aujourd'hui j'ai le doux espoir,
(A Gobichonnet).
Puisque mon bonheur est extrême,
Au plaisir de ne pas te r'voir.

GOBICHONNET.

De retrouver celle qu'il aime!
Enfin il a le doux espoir,
(A Martinet).
Puisque ton bonheur est extrême!
Au plaisir de ne pas te r'voir!
(Martinet sort en courant par le fond.)

SCÈNE XII

GOBICHONNET, seul.

En voilà un cascadeur qui commençait assez à me turlupiner. Je vas fermer ma porte, et tout homme qui se présentera d'ici à huit jours, je lui dirai que je n'y suis pas. Je vas demander à ma fille si elle n'aurait pas rencontré des marins au Conservatoire!... elle me donnera peut-être le moyen de me débarrasser de celui-là. (Allant à droite.) Gabriella!..

UNE GROSSE VOIX, du dehors.

J'y suis pas...

GOBICHONNET.

Oui, c'est comme moi, mais réponds!... (On entend jouer sur

la clarinette.) *Va t'en voir s'ils viennent, Jean!...* Quand elle étudie, elle ne veut rien entendre. Ah! les artistes... (On frappe à la porte du fond.)

SCÈNE XIII

SÉRAPHITA *, GOBICHONNET.

GOBICHONNET.

Je n'y suis pas, adressez-vous à côté!

SÉRAPHITA, en dehors.

Monsieur le concierge!...

GOBICHONNET.

Une voix de femme inconnue! J'y suis, j'y suis, mademoiselle. (Il va ouvrir, Armandine vêtue en costume de danseuse espagnole, entre.)

SÉRAPHITA.

Vous avez un appartement à louer!

GOBICHONNET.

Oui, madame, au troisième, salle à manger, salon, chambre à coucher! Cuisine et dégagements, 3,300 francs, l'éclairage et les impositions en plus.

SÉRAPHITA.

La maison est-elle silencieuse?

GOBICHONNET.

On entendrait à toute heure du jour et de la nuit une mouche éternuer. (On entend la clarinette faire des gammes.) Allons, bon, voilà ma fille qui fait des gammes...

SÉRAPHITA.

Qu'est-ce que c'est que ça!

GOBICHONNET, tout penaud.

Ça?

SÉRAPHITA.

Oui.

GOBICHONNET.

Ça doit être un fontainier, madame, un marchand de robinets qui passe; depuis que l'autorité leur a défendu de jouer du cornet à piston, ils sont retombés sur la clarinette, c'est plus doux...

SÉRAPHITA.

C'est que, voyez-vous, je redoute le tapage au delà de toute expression.

* Sérap., Gobich.

GOBICHONNET.

Alors, vous n'avez ni chien, ni chat, ni singe appelé Zambado, auquel vous montrez le piano, et surtout vous n'avez pas servi dans la marine?

SÉRAPHITA.

Vous êtes fou! je suis Espagnole, caramba! (Elle ouvre sa mante et relève son voile.) Je suis la senora Séraphita Inès de la Casa Hermoza Margarita, veuve du comte Pedro y Sierra Moréna de los Montès y Batignolas...

GOBICHONNET.

Triple cordon! votre parrain n'a pas regardé à la dépense...

SÉRAPHITA.

Je vis de mes rentes, et quant à mon pays...

Air *de Gil Blas.* (Th. Semet.)

Sous le beau ciel de l'Espagne,
Pays des orangers
Bien rangés,
Tra la, la la la.....
Nous chantons dans la campagne
Au son des tambourins,
Nos refrains!
Tra la, la la la...

Je suis native de Séville,
De Séville pays des fleurs,
La brillante et joyeuse ville
Où l'on fait damner les tuteurs.
Nous aimons les castagnettes
Les danseurs et le fandango!

GOBICHONNET, continuant.

Moi, je n'aime que les sonnettes,
De nos vieux marchands de coco!

ENSEMBLE.

Sous le beau ciel... etc., etc.

(Gobichonnet s'accompagne sur son plumeau en guise de Mondoline.)

SÉRAPHITA, à part.

Il ne m'a pas reconnue!

GOBICHONNET, à part.

Enfin, voilà une locataire comme je les aime! (Haut.) Si le logement vous convient, je suis tout disposé...

SÉRAPHITA, lui jetant une bourse.

J'arrête votre appartement.

GOBICHONNET.

Elle est aussi jolie que généreuse... Quel beau pays que l'Espagne!

SÉRAPHITA.

Toutes les semaines, je donne deux bals à tous les Espagnols résidant à Paris.

GOBICHONNET, surpris.

Vous donnez des bals?

SÉRAPHITA, avec autorité.

Est-ce que je n'en ai pas le droit?

GOBICHONNET, à lui-même.

Patatra! voilà le bouquet! elle fait de son logement un petit Valentino. (A Séraphita.) Mais le propriétaire... senorita y Batignolas?

SÉRAPHITA.

Je me soucie peu de l'opinion de votre propriétaire, sur les danses de mon pays.

GOBICHONNET.

Mais... mais... mais... enfin... enfin!...

SÉRAPHITA, elle ôte sa mante.

Caramba!.. taisez votre bec, ou sinon...

Air *de Saltarello.*

Malgré portier, propriétaire!
Je prétends m'installer ici,
Le logement a su me plaire,
Et je m'en empare aujourd'hui.

GOBICHONNET, commençant à danser malgré lui.

Parbleu! la chose est singulière,
Elle veut sans autre façon,
S'imposer comme locataire
Et danser dans notre maison.

SÉRAPHITA, elle danse allant à lui.

J'y danserai, la chose est sûre!
Polkas, fondangos et lanciers;
Les Espagnols, je vous le jure,
Y figureront les premiers!

GOBICHONNET, dansant allant à elle.

Sapristi, vous savez, madame,
Que je ne vous céderai pas!
Et vos Espagnols, sur mon âme!
Autre part, porteront leurs pas!

(Ils dansent tous deux.)

ENSEMBLE.

SÉRAPHITA.

Malgré portier, propriétaire,
Je prétends m'installer ici,
L'appartement a su me plaire,
Et je m'en empare aujourd'hui!

GOBICHONNET.

Quoi, malgré le propriétaire,
Prétendre s'installer ici.
L'appartement à beau vous plaire,
Il faut décamper aujourd'hui!

(Continuant à danser.)

Mille nom d'un petit bonhomme,
Vous voudrez bien vous en aller.

(Martinet entre tout à coup, il est furieux, et saisit Gobichonnet au collet.)

SCÈNE XIV

SÉRAPHITA, MARTINET, GOBICHONNET *.

MARTINET.

Ah! gredin de Cloporte!... tu m'as dit que mademoiselle Armandine répétait aux Bouffes!... et ce n'est pas vrai, animal!..

GOBICHONNET.

Au secours!... à moi!... Gabriella... ma fille... à moi!..

MARTINET, le lâchant.

Crie tant que tu voudras, ta fille est en face, chez le coiffeur... à se faire pommader...

GOBICHONNET.

Nom d'une perruque!.. (Il sort comme un fou, à droite.)

SCÈNE XV

SÉRAPHITA,** MARTINET.

SÉRAPHITA, à part.

Quel est ce monsieur?..

* Sérap., Mart., Gobich.
** Séraph., Mart.

MARTINET, même jeu.

Quelle est cette dame ?..

SÉRAPHITA, le regardant.

En croirai-je mes yeux !..

MARTINET, de même.

Je n'ai pas la berlue !..

SÉRAPHITA.

Cette voix !

MARTINET, il ôte sa fausse barbe.

Cette taille !..

SÉRAPHITA.

Léopold !

MARTINET.

Armandine!

SÉRAPHITA.

D'où viens-tu?

MARTINET.

De Marseille... Et toi ?

SÉRAPHITA.

De Montmartre, où je chante les Tamberlick... Où vas-tu?

MARTINET.

A Quimperlé, pour chanter les Ugalde!

SÉRAPHITA, en chantant.

O bonheur de te revoir!

MARTINET.

Tu m'aimes toujours?

SÉRAPHITA, le repoussant.

Non.

MARTINET.

Non?

SÉRAPHITA.

Vous étiez sur le point de vous marier là-bas!

MARTINET.

Jamais!

SÉRAPHITA.

Vous mentez!

MARTINET.

Je jure sur la tête de ton portier que mon cœur n'a jamais battu que pour toi!

SÉRAPHITA.

Je n'en crois rien.

MARTINET.

Sois moins cruelle, mon Armandine!

SÉRAPHITA.

Eh bien ! moi, je vous avais oublié.

MARTINET.

Oublié ?

SÉRAPHITA.

Tout à fait.

MARTINET.

Eh ! pourquoi ?

SÉRAPHITA.

Pour l'art... Je travaille sérieusement, à présent.

MARTINET.

Ah ! friponne ! (Il l'embrasse.) Une fois à Quimperlé, je t'épouse.

SÉRAPHITA.

Devant M. le maire ?

MARTINET.

Devant M. le maire.

ENSEMBLE.

Devant M. le maire !... (Ils se séparent, Séraphita à gauche, Martinet à droite sur l'avant-scène.)

DUO.

Air : *O transports !* etc. (*La Favorite.*)

MARTINET.

Oui, mon cœur, à son cœur a parlé

ARMANDINE.

Son doux regard m'enivre !

MARTINET.

Avec elle je veux vivre.

ARMANDINE.

Léopold, partons pour Quimperlé.

MARTINET.

C'est bien, tu veux me suivre,
Mon loulou, mon gros loup.

ARMANDINE.

J'abandonne mon cœur,
A ta voix, à ta voix, à ta voix qui me crie !
Ah ! viens dans une autre patrie !...

(Ils se rapprochent au moment où Armandine va pour donner la note haute. Martinet l'arrête et lui dit.) Il faut garder cette note-là pour Quimperlé.

ARMANDINE.

Tiens ! moi, j'allais la lancer à la société ! (Ils terminent l'air ensemble.)

Savourer le bonheur!
Ah! savourer le bonheur!

(Ils s'embrassent. — Gobichonnet entre de droite.

SCÈNE XVI

ARMANDINE, MARTINET, GOBICHONNET. *

GOBICHONNET.

Le marsouin!... il embrasse l'Espagnole!... (Les séparant.) Pas de ces choses-là dans ma loge!...

MARTINET.

Fichez-nous la paix!

GOBICHONNET.

Vous êtes un imposteur! ma fille n'était pas chez le perruquier.

MARTINET. **

Vous voulez dire qu'elle n'y était plus!

GOBICHONNET.

Du reste, c'est son fiancé, et dans trois semaines il sera mon gendre... je viens de bâcler cela! (Changeant de ton et à Armandine.) Mais, madame, me direz-vous pourquoi vous vous laissez embrasser par le capitaine Bouillabaisse?... (La reconnaissant.) Ciel! mademoiselle Armandine!

ARMANDINE.

En personne.

GOBICHONNET.

Me direz vous aussi pourquoi vous vous êtes espagnolée?

ARMANDINE, imitant la vieille.

Pour vous faire enrager, vieux sapajou!

GOBICHONNET.

Ciel! la comtesse de Roule-ta-Bosse!

ARMANDINE.

Je voulais vous prouver que vous loueriez vos appartements à des personnes moins silencieuses que moi!

GOBICHONNET, contrit et tombant aux genoux d'Armandine.

Oh! Fumé!

ARMANDINE, chantant.

Relevez-vous... Je vous pardonne!

GOBICHONNET, se relevant tout à coup et à Martinet.

Et vous, monsieur le capitaine Bouillabaisse, comment m'expliquerez-vous votre présence ici?

* Arm., Mart., Gobich.
** Mart., Gobich., Arm.

MARTINET.

Oh! moi, je suis le capitaine Léopold Martinet... un mange-tout, un cabotin, un saltimbanque! .. logeant dans une cambuse de la rue aux Ours... dont on m'a expulsé comme une canaille... que je dois être!... (Chantant.) Une, deux, etc.

GOBICHONNET.

Connu!... (Gobichonnet se trouvant au milieu d'eux, ils le poussent comme une balle.) Ma parole d'honneur! ces artistes ont le diable au corps, et quand ils sont amusants, ils ne sont pas embêtants!

ARMANDINE.

Maintenant, j'accepte le congé que vous m'avez donné.

GOBICHONNET.

Mais, si vous partez, je reste seul à la maison!... Et que dira M. Freslon, le propriétaire?... Plus un radis de loyers à se mettre sous la dent!... SOYEZ DONC CONCIERGE!...

ARMANDINE, elle passe près de Léopold.

J'accompagne M. Léopold à Quimperlé; nous y publierons nos bans!

GOBICHONNET.

Eh bien! faites-moi une grâce : emmenez-moi, avec ma fille, à votre théâtre de Quimperlé... Gabriella est déjà d'une jolie force sur la clarinette.

MARTINET.

Tiens! comme ça se trouve!... Mon directeur a besoin d'un trombone.

GOBICHONNET.

Ah! et moi, je vous jouerai *Tartuffe*.

ARMANDINE.

Eh bien! allez chercher votre fille.

GOBICHONNET va à la porte de sa fille.

Gabriella! viens présenter tes hommages à la compagnie. (On entend jouer sur la clarinette : *Oh! zut alors*, etc.) Pardonnez-lui... c'est qu'elle est encore dans le feu de la composition!

FINAL.

Air : *du Jambon*. (Trombalcazar.)

ARMANDINE.

Vive la castagnette!

TOUS.

Pour danser sur le gazon.

GOBICHONNET.

J'aime mieux la clarinette.

TOUS.

Ah! turlurette!

GOBICHONNET.

Non, non, non,
Rien n'est aussi bon,
Que le joli son,
De.... pif! } *bis.*

MARTINET.

Paf.

GOBICHONNET.

Pif.

ARMANDINE.

Pouf.

TOUS.

Paf! Clarinette!

GOBICHONNET.

Ah! vive la cla, cla!

MARTINET.

La ri, ri,

ARMANDINE.

La nette, nette,

TOUS.

La cla, la cla, la ri, ri, la cla, cla!
La clari!
Clarinette!
Eh turlurette!

(Pour ce final voir la musique de M. Offembach.)

FIN.

COULOMMIERS. — TYP. A. MOUSSIN ET CHARLES UNSINGER.

www.ingramcontent.com/pod-product-compliance
Ingram Content Group UK Ltd.
Pitfield, Milton Keynes, MK11 3LW, UK
UKHW022139260726
13993UKWH00005B/2035

9 782329 446820